NATIONAL GEOGRAPHIC

School Publishing



# Nuestro gobierno

Ashley Hewitt

**PICTURE CREDITS**
Cover, 2, 4 (right below), 5, 8, 11, 14 (above), 18, 19 (left below), Photolibrary.com; 1, 21 (below), Jeff Greenberg/PhotoEdit; 4 (left above), 7 (left above), 12, 13 (below), 17 (left), 20 (right above), Getty Images; 4 (left below), Tony Freeman/PhotoEdit; 4 (right above), 6, 9 (right), 13 (left above), 13 (right above), 16 (left), 16 (right), 19 (left above); 20 (right below), APL/Corbis; 7 (left below), David Gordon/Alamy; 7 (right); Visions of America, LLC/Alamy; 9 (left), Bob Daemmrich/PhotoEdit; 14 (below), JG Photography/Alamy; 15 (left) Dennis Hallinan/Alamy; 15 (right), kolvenbach/Alamy; 17 (right), Morguefile.com; 19 (right) Michael Newman/PhotoEdit; 20 (left), Robert Brenner/PhotoEdit; 21 (above), Dennis MacDonald/PhotoEdit.

Produced through the worldwide resources of the National Geographic Society, John M. Fahey, Jr., President and Chief Executive Officer; Gilbert M. Grosvenor, Chairman of the Board.

**PREPARED BY NATIONAL GEOGRAPHIC SCHOOL PUBLISHING**
Steve Mico, Executive Vice President and Publisher, Children's Books and Education Publishing Group; Marianne Hiland, Editor in Chief; Lynnette Brent, Executive Editor; Michael Murphy and Barbara Wood, Senior Editors; Nicole Rouse, Editor; Bea Jackson, Design Director; David Dumo, Art Director; Shanin Glenn, Designer; Margaret Sidlosky, Illustrations Director; Matt Wascavage, Manager of Publishing Services; Sean Philpotts, Production Manager.

**SPANISH LANGUAGE VERSION PREPARED BY NATIONAL GEOGRAPHIC SCHOOL PUBLISHING GROUP**
Sheron Long, CEO; Sam Gesumaria, President; Fran Downey, Vice President and Publisher; Margaret Sidlosky, Director of Design and Illustrations; Paul Osborn, Senior Editor; Sean Philpotts, Project Manager; Lisa Pergolizzi, Production Manager.

**MANUFACTURING AND QUALITY MANAGEMENT**
Christopher A. Liedel, Chief Financial Officer; George Bounelis, Vice President; Clifton M. Brown III, Director.

**BOOK DEVELOPMENT**
Ibis for Kids Australia Pty Limited.

**SPANISH LANGUAGE TRANSLATION**
Tatiana Acosta/Guillermo Gutiérrez

**SPANISH LANGUAGE BOOK DEVELOPMENT**
Navta Associates, Inc.

Published by the National Geographic Society
Washington, D.C. 20036-4688



ISBN: 978-0-7362-3865-6

Printed in U.S.A.

2 3 4 5 6 7 8 9 10  19 18 17 16 15 14 13

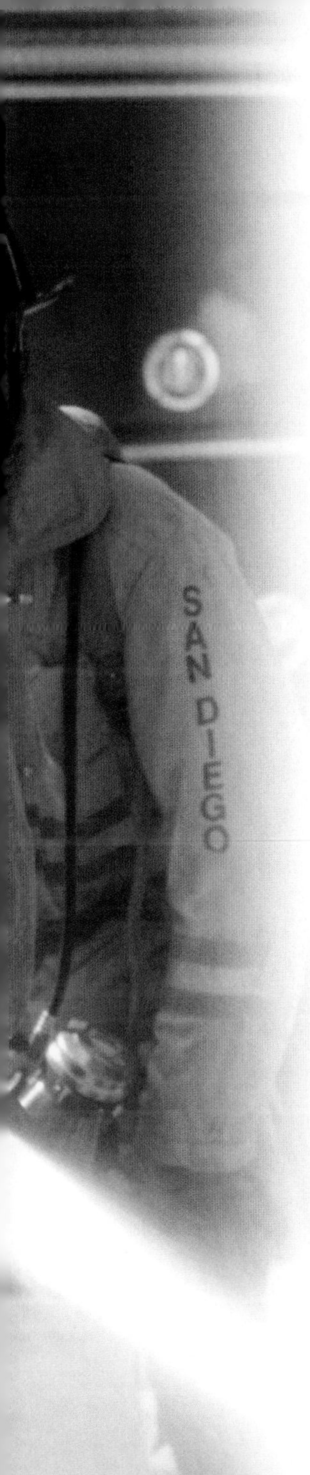


# Contenido

# Pensar y conversar

votar

obedecer las leyes

## ¿Qué saben sobre el gobierno de Estados Unidos? ¿Cómo participan las personas en el gobierno?

líderes del gobierno

Casa Blanca

Edificio del Capitolio de EE.UU.

# ¿Qué es el gobierno?

Llamamos **gobierno** al grupo de personas que dirige un país. El gobierno hace las **leyes** y protege a las personas. También proporciona distintos servicios.

Los líderes del gobierno respetan la Constitución. También toman decisiones en nombre de nuestro país.

Los oficiales de policía, los bomberos y los *sheriffs* contribuyen a la seguridad de las personas y las comunidades.

La recogida de basura es un servicio que el gobierno proporciona.

## ¿Lo sabían?

La Constitución de Estados Unidos describe cómo debe funcionar nuestro gobierno. Fue redactada en 1787.

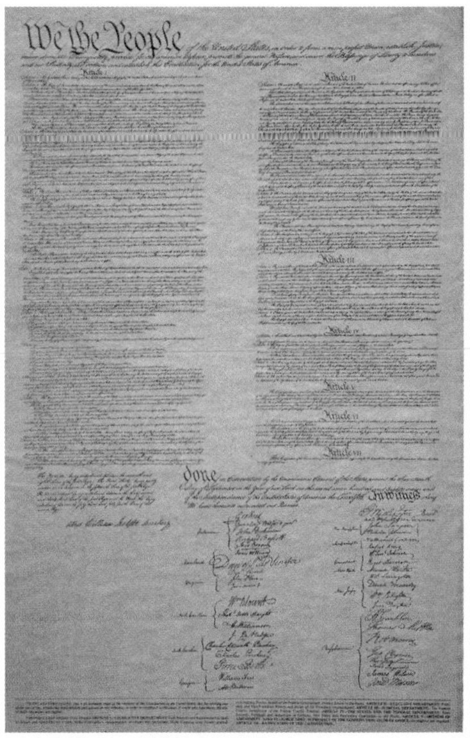
We the People

# Derechos y responsabilidades

Llamamos **ciudadanos** a los miembros de un país. Los ciudadanos tienen **derechos,** o **libertades.** También tienen **responsabilidades.** Respetar los derechos de los demás es una de esas responsabilidades.

Respetamos las normas para contribuir a la seguridad de todos.

Los ciudadanos tienen derecho a **votar.** Votan para elegir a los líderes encargados de gobernar.

La libertad de expresión es un derecho importante. Significa que las personas pueden hablar o escribir sobre sus creencias y opiniones.

# Niveles de gobierno

En Estados Unidos hay distintos niveles de gobierno. Cada nivel se encarga de cosas diferentes.

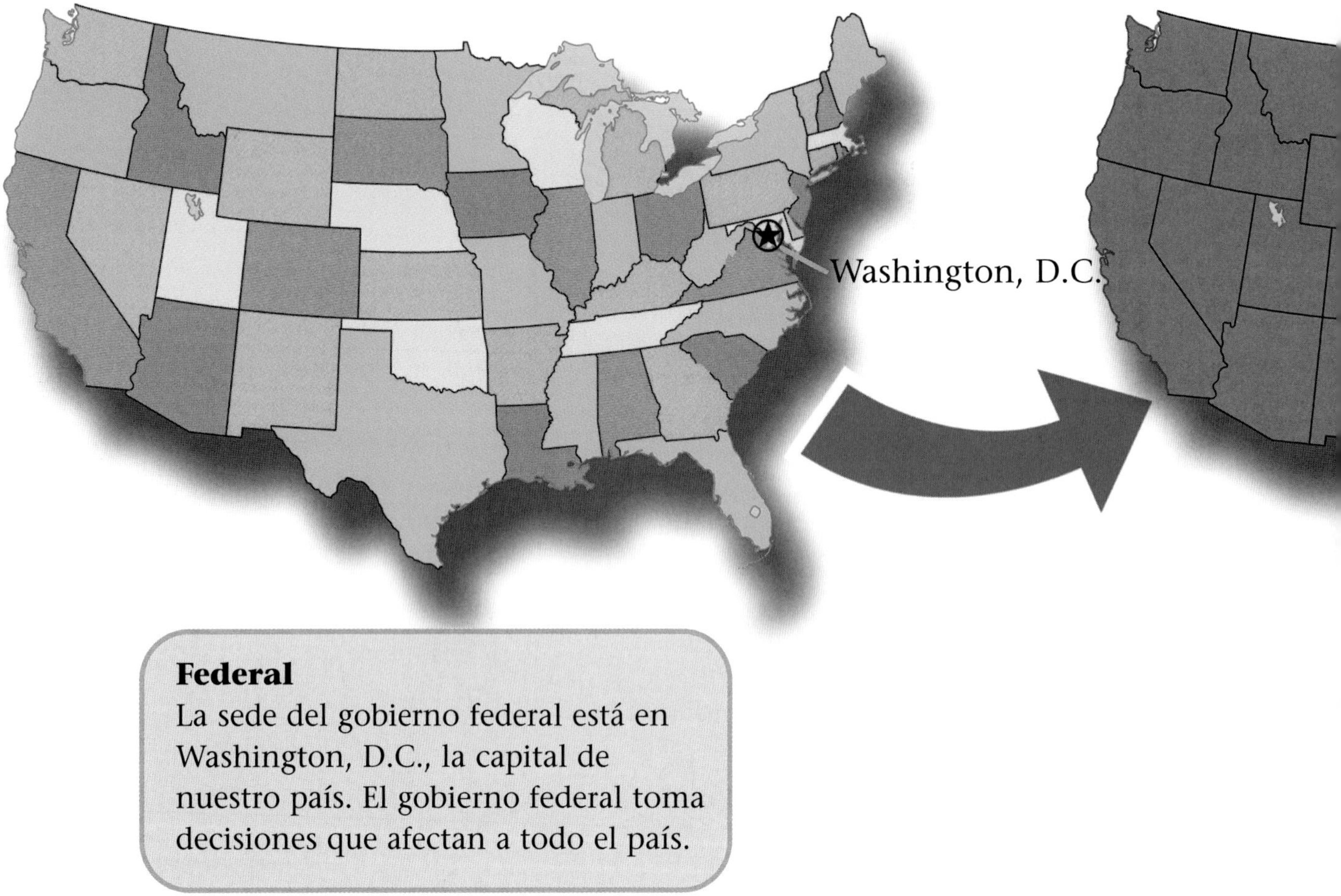


**Federal**
La sede del gobierno federal está en Washington, D.C., la capital de nuestro país. El gobierno federal toma decisiones que afectan a todo el país.

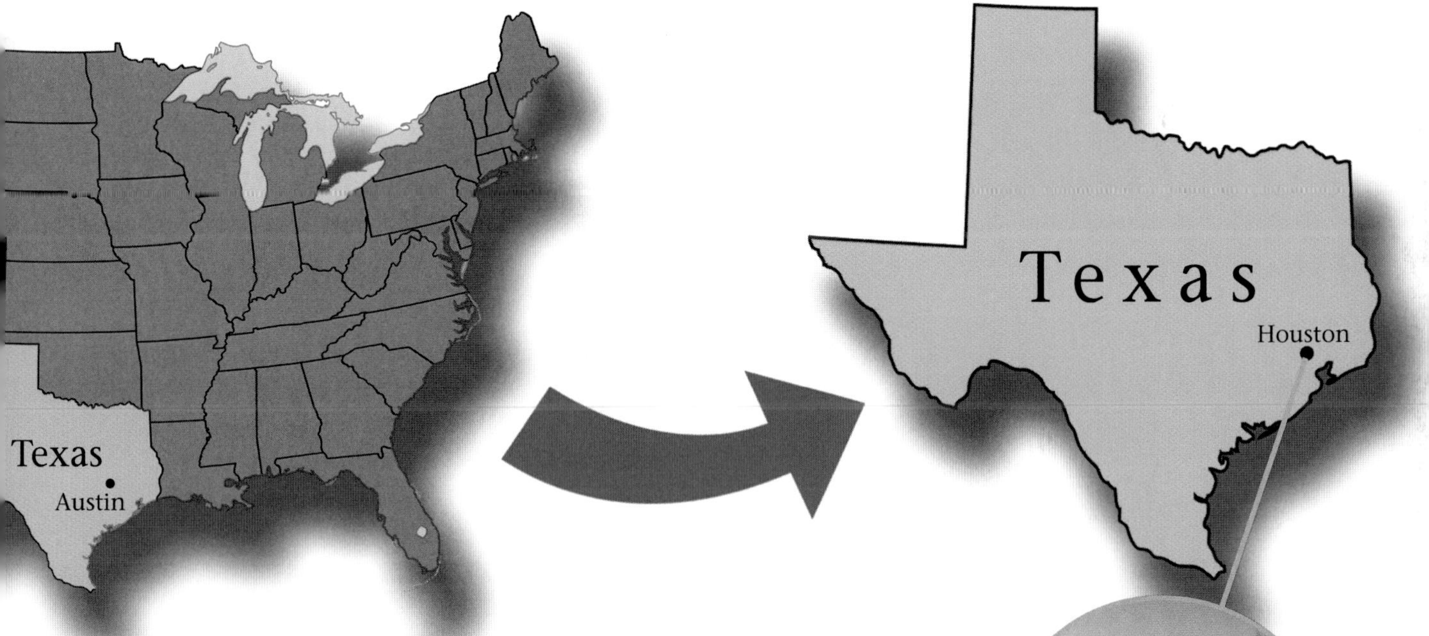


**Estatal**
En nuestro país hay 50 estados. Cada uno tiene un gobierno estatal. La sede del gobierno estatal está en la capital del estado. Austin es la capital de Texas.

**Local**
En cada estado hay muchos gobiernos locales. Los gobiernos locales toman decisiones que afectan a su comunidad.

# Gobierno federal

El gobierno federal es responsable de todo el país. Se ocupa de las personas y el territorio. También colabora con otros países.

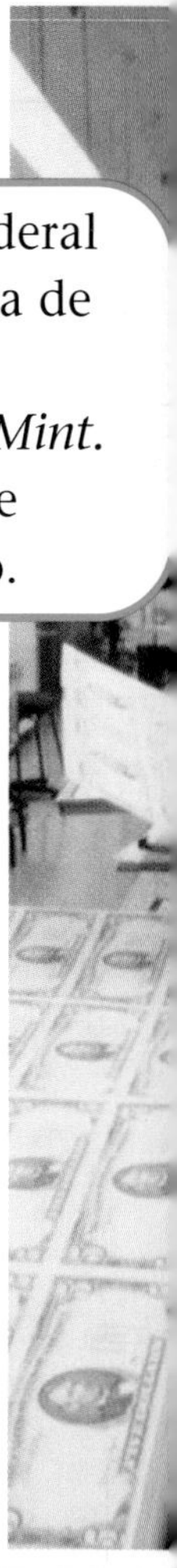

El gobierno federal controla la casa de la moneda de EE.UU. o *U.S. Mint.* Allí se imprime nuestro dinero.

Las fuerzas armadas forman parte del gobierno federal.

Los líderes del gobierno colaboran con otros países para tomar decisiones importantes.

La Guardia Costera protege las fronteras de nuestro país.

El gobierno federal tiene tres poderes o ramas. Cada uno tiene su propia función.

**El Poder Legislativo**

El Poder Legislativo, o Congreso, se reúne en el edificio del Capitolio. Hace las leyes de nuestro país.

## El Poder Ejecutivo

El **Presidente,** que vive en la Casa Blanca, es el líder del Poder Ejecutivo. Este poder se encarga de hacer cumplir las leyes.

## El Poder Judicial

La Corte Suprema dirige el Poder Judicial. Se reúne en este edificio. Este poder se asegura de que las leyes son justas.

### ¿Lo sabían?

George Washington fue el primer Presidente de Estados Unidos. Gobernó desde 1789 hasta 1797.

Nuestra capital se llama Washington, D.C., en honor a George Washington. También se honra su memoria en los billetes de un dólar, donde aparece retratado.

# Gobierno estatal

En nuestro país hay cincuenta estados. Cada estado tiene su propio gobierno. Los gobiernos estatales son responsables de muchas cosas.

Los policías de tránsito estatal se encargan de hacer cumplir las normas de tránsito.

Los gobiernos estatales ayudan a mantener las escuelas públicas.

Los guardabosques cuidan los parques estatales y nos enseñan cosas sobre el medio ambiente.

## ¿Lo sabían?

La bandera es un **símbolo** de nuestro país. Un símbolo es algo que representa a otra cosa.

Nuestra bandera tiene cincuenta estrellas blancas, una por cada estado. Tiene trece barras rojas y blancas que representan las trece colonias que fundaron nuestro país. La primera bandera sólo tenía trece estrellas blancas, una por cada colonia.

# Gobierno local

Las comunidades, las ciudades y los pueblos, también tienen gobiernos. Estos gobiernos locales también tienen responsabilidades.

Los bomberos, que trabajan en departamentos locales, se encargan de apagar los incendios.

Los gobiernos locales aportan dinero para bibliotecas.

Muchos gobiernos locales se encargan de la recogida y reciclaje de la basura.

## ¿Lo sabían?

Muchas ciudades y gobiernos locales tienen alcaldes. Algunas ciudades cuentan además con un consejo municipal. El alcalde y el consejo municipal colaboran para hacer las leyes y resolver problemas.

# Usar lo que aprendieron

# ¿Qué hace el gobierno? ¿Cuáles son los derechos y las responsabilidades de los ciudadanos?

ciudadano

derecho

gobierno

libertad

responsabilidad

símbolo

votar

# Glosario

CONCEPTO CLAVE

**ciudadano** (página 8)
Persona que forma parte de un país
Los ciudadanos de Estados Unidos tienen derecho a votar.

---

CONCEPTO CLAVE

**derecho** (página 8)
Algo que le corresponde a una persona
Todos los ciudadanos tienen derecho a la educación.

---

CONCEPTO CLAVE

**gobierno** (página 6)
Grupo de personas que dirige un país
El gobierno se encarga de muchas cosas diferentes.

---

**ley** (página 6)
Norma que todos deben obedecer
El conductor que se detiene ante una señal de alto está obedeciendo la ley.

---

CONCEPTO CLAVE

**libertad** (página 8)
Posibilidad de actuar, vivir y expresarse de la forma que elija cada uno
La gente tiene la libertad de expresar sus opiniones.

**Presidente** (página 15)
Líder del Poder Ejecutivo del gobierno de Estados Unidos
El Presidente vive en la Casa Blanca.

CONCEPTO CLAVE

**responsabilidad** (página 8)
Algo que una persona debe hacer o de lo que se debe encargar
Tenemos la responsabilidad de proteger el medio ambiente.

CONCEPTO CLAVE

**símbolo** (página 17)
Algo que representa a otra cosa
La bandera estadounidense es un símbolo de Estados Unidos.

CONCEPTO CLAVE

**votar** (página 9)
Elegir entre dos o más opciones
La gente vota para elegir a los líderes que dirigen el gobierno.

# Índice